Cuando Estoy Triste

Sam Sagolski
Ilustrado por Daria Smyslova

www.kidkiddos.com
Copyright ©2025 by KidKiddos Books Ltd.
support@kidkiddos.com

All rights reserved. No part of this book may be reproduced in any form or by any electronic or mechanical means, including information storage and retrieval systems, without written permission from the publisher, except in the case of a reviewer, who may quote brief passages embodied in critical articles or in a review.
First edition, 2025

Translated from English by Cilia Khoudari
Traducido del inglés por Cilia Khoudari

Library and Archives Canada Cataloguing in Publication
When I Am Gloomy (Spanish edition)/Shelley Admont
ISBN: 978-1-83416-798-5 paperback
ISBN: 978-1-83416-799-2 hardcover
ISBN: 978-1-83416-794-7 eBook

Please note that the Spanish and English versions of the story have been written to be as close as possible. However, in some cases they differ in order to accommodate nuances and fluidity of each language.

Era una mañana nublada y me desperté triste.

Me levanté de la cama, me envolví en mi manta y caminé hacia la sala.

"¡Mami!" llamé. "Estoy de mal humor."

Mamá apartó la mirada de su libró. "¿De mal humor? ¿Por qué dices eso, cariño?" preguntó.

"¡Mira mi cara!" dije, señalando mis cejas fruncidas. Mamá sonrió suavemente.

"No tengo una cara feliz hoy," murmuré. "¿Todavía me amas, aunque esté triste?"

"Por supuesto que sí," dijo mamá. "Cuando estás triste, solo quiero estar cerca de ti, darte un abrazo grande y animarte."

Eso me hizo sentir un poco mejor, pero solo por un segundo, porque luego empecé a pensar en todos mis otros estados de ánimo.

"¿Y si estoy enojada? ¿Todavía me amas?"

Mamá sonrió de nuevo. "¡Por supuesto que sí!"

"¿Estás segura?" pregunté, cruzando los brazos.

"Incluso cuando estás enojada, sigo siendo tu mamá. Y te sigo amando igual."

Tomé una bocanada de aire, "¿Y qué pasa cuando estoy tímida?"

"También te amo cuando eres tímida," dijo ella. "¿Recuerdas cuando te escondiste detrás de mí y no querías hablar con el vecino nuevo?"

Asentí. Lo recordaba muy bien.

"Y luego lo saludaste y te hiciste un amigo nuevo. Estaba tan orgullosa de ti."

"¿También me amas cuando hago muchas preguntas?" continué.

"Cuando haces muchas preguntas, como ahora, te veo aprender cosas nuevas y volverte más inteligente y fuerte cada día," respondió Mamá. "Y sí, todavía te amo."

"¿Qué pasa si no tengo ganas de hablar en absoluto?" seguí preguntando.

"Ven aquí," dijo ella. Me subí a su regazo y apoyé mi cabeza en su hombro.

"Cuando no tienes ganas de hablar y solo quieres estar en silencio, empiezas a usar tu imaginación. Me encanta ver lo que creas," respondió Mamá.

Luego susurró en mi oído, "Te amo cuando estás en silencio también."

"¿Pero todavía me amas cuando tengo miedo?" pregunté.

"Siempre," dijo Mamá. "Cuando tienes miedo, te ayudo a revisar que no haya monstruos debajo de la cama o en el armario."

Me dio un beso en la frente. "Eres muy valiente, mi cielo."

"Y cuando estás cansada," agregó suavemente, "te arropo con tu manta, te traigo tu oso de peluche y te canto nuestra canción especial."

"¿Y si tengo mucha energía?" pregunté, levantándome de un salto.

Ella se rió. "Cuando estás llena de energía, vamos a andar en bicicleta, a saltar la cuerda o a correr juntas afuera. ¡Me encanta hacer todas esas cosas contigo!"

¿Pero todavía me amas cuando no quiero comer brócoli?" saqué la lengua.

Mamá se rió a carcajadas. "¿Cómo la vez que le diste tu brócoli a Max a escondidas? A él le gustó mucho."

"¿Lo viste?" pregunté.

"Claro que sí. Y aun así, te amo, incluso en esos momentos."

Me quedé pensando por un momento y luego hice una última pregunta:

"Mami, si me amas cuando estoy triste o enojada… ¿todavía me amas cuando estoy feliz?"

"Oh, cielo," dijo abrazándome de nuevo, "cuando estás feliz, yo también soy feliz."

Me dio un beso en la frente y agregó, "Te amo cuando estás feliz igual que cuando estás triste, enojada, tímida o cansada."

Me acurruqué con ella y sonreí. "¿Entonces... me amas todo el tiempo?" pregunté.

"Todo el tiempo," dijo ella. "Cada estado de ánimo, cada día, siempre te amo."

Mientras hablaba, empecé a sentir algo cálido en mi corazón.

Miré hacia afuera y vi las nubes alejándose. El cielo se estaba volviendo azul y salió el sol.

Parecía que iba a ser un hermoso día después de todo.

www.ingramcontent.com/pod-product-compliance
Lightning Source LLC
LaVergne TN
LVHW072112060526
838200LV00061B/4867